◄ PUEBLOS AMERICANOS NATIVOS ►

LOS CHEROQUÍ

por Bárbara A. McCall

Ilustrado por Luciano Lazzarino

Versión en español de Aída E. Marcuse

ROURKE PUBLICATIONS, INC.

VERO BEACH, FLORIDA 32964

ÍNDICE

3 Introducción

5 Antes de la llegada del hombre blanco

7 Primeros exploradores y comerciantes

8 Los indígenas Creek y Nancy Ward

9 Guerras contra los colonos

10 La Revolución Americana

12 El crecimiento de una gran nación

16 Sequoyah y el Silabario

18 La edad de oro de la Nación Cheroquí

20 Fiebre del oro en Georgia

22 El Acta de Desalojo de los Indígenas

24 Comienza el desalojo

25 El Camino de Lágrimas

26 La historia de Tsali

27 La banda del este

28 La banda del oeste

30 Fechas importantes en la historia Cheroquí

31 Indice alfabético

Library of Congress Cataloging-in-Publication Data

McCall, Barbara A., 1936-
[Cherokee. Spanish]
    Los cheroquí / por Barbara A. McCall; ilustrado por Luciano Lazzarino; versión en español de Aída E. Marcuse.
        p. m. — (Pueblos americanos nativos)
    Traducción de: The Cherokee.
    Incluye índice.
    Resumen: Examina la historia, el estilo de vida tradicional y la situación actual de los indios cheroquí.
    ISBN 0-86625-456-0
    1. Indios cheroquí—Literatura juvenil. [1. Indios cheroquí. 2. Indios de Norteamérica. 3. Materiales en español.] I. Lazzarino, Luciano, ilus. II. Título. III. Serie.
E99.C5M3818 1992
973'.04975—dc20   92-14533
                                                          CIP
                                                          AC

Hacer canastas es un esfuerzo de todo el grupo en la aldea Oconaluftee. El estilo de las ropas data del siglo 18.
(Foto cortesía del Museo Indígena Cheroquí)

INTRODUCCIÓN

Hace miles de años, durante la última era glacial, algunos pueblos emigraron desde Asia a América, probablemente cruzando un puente de tierra que conectaba Siberia con Alaska. Poco a poco, esos grupos fueron hacia el sur en busca de lugares con buena caza.

Cuando Colón llegó a América, encontró los descendientes de esos pueblos y los llamó "indios." Hoy los reconocemos como los únicos verdaderos americanos nativos. Étnicamente pertenecen al grupo mongol, que también incluye a los chinos y japoneses. Tienen pelo negro lacio y pómulos altos.

El estilo de vida de los americanos nativos era muy distinto al de los colonos blancos que llegaron a su territorio. Los indígenas creían que la tierra pertenecía a toda la tribu, y no a los individuos. Esto era contrario a las ideas de los europeos, que deseaban poseer sus propias parcelas en el Nuevo Mundo.

Cuando los encontraron los blancos, los Cheroquí vivían en un territorio ancestral que se extendía desde Virginia hasta Florida y al oeste más allá de la cadena Appalachian casi hasta el río Mississippí. Pero pronto perdieron sus tierras a manos de los Nuevos Americanos - los colonos europeos y sus descendientes.

Se ha dicho que los indígenas eran gente salvaje y guerrera. Pero eso no es cierto. Los Cheroquí en particular, eran inteligentes, trabajadores y amantes de la paz.

Los Cheroquí y cuatro otras tribus fueron llamadas las "Cinco Tribus Civilizadas." Pero todos ellos fueron obligados a dejar sus hogares en el este y emigrar al área que luego se convertiría en el estado de Oklahoma.

Durante casi ciento cincuenta años, el gobierno de Estados Unidos trató a los Cheroquí de manera deshonesta y poco honorable. Recién en 1924 los indígenas del país fueron aceptados como ciudadanos de los Estados Unidos. Desde entonces, los americanos nativos fueron más respetados y obtuvieron los derechos que nunca debieron negárseles.

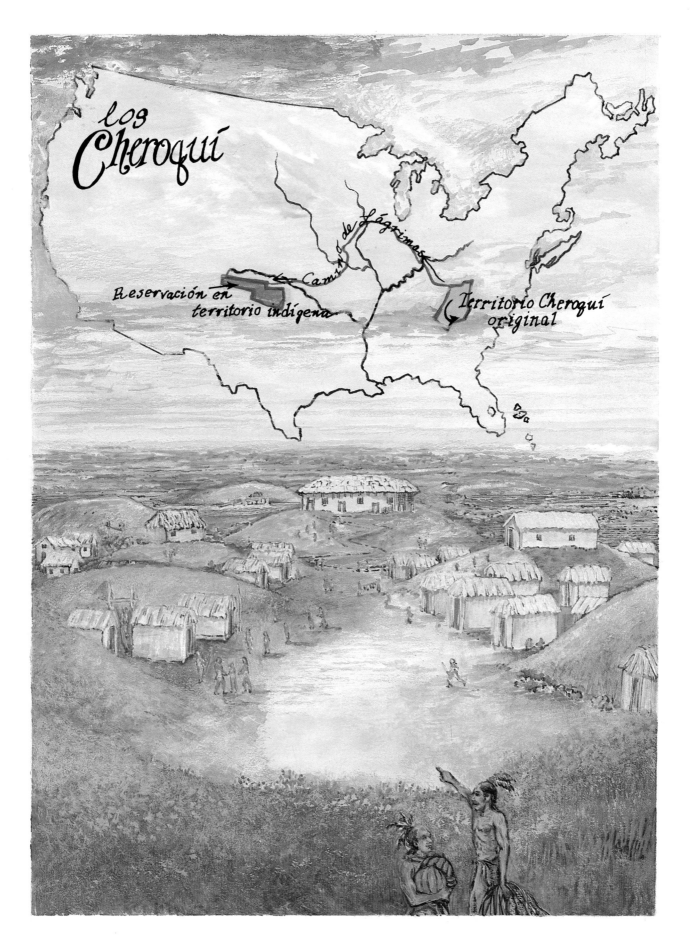

los
Cheroquí

Camino de Lágrimas

Reservación en
territorio indígena

Territorio Cheroquí
original

La Danza del Águila, representada frente al Museo Cheroquí

Antes de la llegada del hombre blanco

¿Cómo vivían los indígenas antes que llegaran los blancos? Nadie lo sabe a ciencia cierta, pero los historiadores creen que los indígenas del suroeste habían alcanzado un alto nivel de civilización.

Gracias a los arqueólogos, podemos reconstruir parcialmente esa época temprana. Excavando el territorio donde vivieron, los arqueólogos buscan y estudian objetos de civilizaciones antiguas, que les ayudan a reconstruir la vida que llevaban.

Uno de los objetos de los indígenas mejor conocidos es la punta de flecha. Esa pieza de piedra, que no era parte de la flecha, les dice a los arqueólogos en qué época los indígenas vivieron en un lugar determinado. La forma de la punta de flecha cambiaba de tiempo en tiempo, y los científicos han excavado algunas de varios miles de años de edad.

Imaginemos que viajamos en el tiempo hasta encontrarnos quinientos años atrás, y observemos una aldea Cheroquí. En el centro había una gran plaza, rodeada por varios montículos de buen tamaño. Las casas de los indígenas estaban agrupadas alrededor de esos montículos. A veces, éstos servían de plataformas para las grandes casas del cacique y otros miembros importantes de la tribu. La mayoría de la gente vivía en casas más pequeñas, a nivel de suelo.

Las casas se construían con materiales livianos, como corteza de árboles, cañas y pastos. También se hacían de adobe. Para construirlas, primero se plantaban unos postes en el suelo, y se entretejían pastos entre ellos. Luego se cubrían de barro los postes y los pastos y se dejaba secar. El techo se hacía con hojas de palmera o cortezas sobrepuestas. Cada aldea tenía una casa grande y redonda que funcionaba como palacio de ceremonias, donde podían sentarse entre 400 y 500 personas.

Los Cheroquí eran expertos agricultores. Cultivaban maíz, frijoles, calabazas, girasol y tabaco. Sus campos labrantíos rodeaban las aldeas, y las mujeres eran quienes los sembraban. Cada familia tenía su propio lote de terreno, y la aldea además cultivaba un lote comunal, cuyo producto se destinaba a alimentar a pobres y viajeros. Las mujeres también recogían plantas salvajes alimenticias, tales como bayas y nueces. Los hombres cazaban, pescaban y talaban los árboles que usaban para hacer canoas.

Cazar era la ocupación principal de los hombres. Usaban arcos y flechas, cerbatanas, lanzas, lazos y otros tipos de armas y trampas. El ciervo era su presa más codiciada, porque les proveía comida y vestimenta. Los indígenas hacían la mayoría de sus ropas con pieles de varios animales o tejiendo las fibras del cáñamo. Las mujeres usaban faldas envolventes, largas hasta la media pierna, y los hombres usaban una especie de calzones que ataban a la cintura con un cinturón, dejando que las puntas les colgaran delante y atrás, casi hasta las rodillas.

Al principio, los indígenas sólo mataban los animales que necesitaban para comer o vestirse. Pero la llegada de los blancos hizo cambiar esa actitud, pues los Cheroquí empezaron a matar muchos más animales para vender sus pieles a los colonos.

Los Cheroquí habían vivido en ese territorio mucho tiempo, lo que no era común entre las tribus del noreste. Los comerciantes y colonos blancos los consideraron como una tribu civilizada porque eran buenos agricultores y vivían en aldeas permanentes.

Pero, además, eran buenos guerreros. A menudo tenían que defenderse de las incursiones de los Iroquois del norte y los ataques de los Chickasaw, que vivían a lo largo del río Mississippí. A veces los Cheroquí tomaban la iniciativa e incursionaban territorios de otras tribus buscando nuevos lugares de caza, mujeres y esclavos.

Antes de dejar su aldea, la partida guerrera llevaba a cabo muchas ceremonias rituales, como ayunos, bailes, pintarse el cuerpo y fumar. Fumar era una actividad que se realizaba en muchas ceremonias. Los arqueólogos encontraron gran cantidad de pipas de materiales diversos. Algunas eran de cerámica; otras de piedra. Unas tenían diseños de figuras de animales, otras figuras humanas.

En cada aldea Cheroquí había un cacique de guerra hombre y una cacica de paz, que siempre era mujer. Los consejos que daba eran seguidos tanto por las mujeres como por los hombres. La mujer Cheroquí también era la cabeza de la familia. Todos los hijos pertenecían a la familia de la mujer. Si el padre moría, la mujer y sus hijos pasaban a cargo del hermano de la mujer. Si una mujer Cheroquí se casaba con un mercader o un colono blanco, sus hijos se consideraban antes que nada Cheroquí, aunque sus padres hayan sido blancos por muchas generaciones.

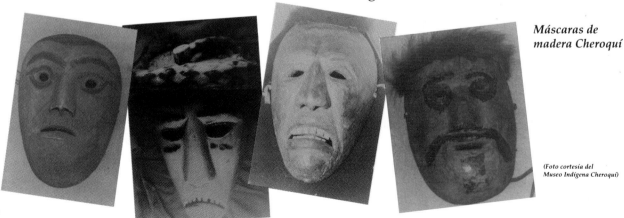

Máscaras de madera Cheroquí

(Foto cortesía del Museo Indígena Cheroquí)

Primeros exploradores y comerciantes

En 1540, los Cheroquí encontraron a Hernando De Soto, un explorador español que, buscando oro, fue de Florida a las hermosas y verdes montañas Appalachian, al norte de Georgia y al oeste de North Carolina. De Soto nunca encontró oro, pero el encuentro entre los indígenas y los europeos fue muy importante, por ser el comienzo de una relación entre los Cheroquí y los blancos que cambió el futuro de los americanos nativos.

Los españoles trataron cruelmente a los Cheroquí, y los esclavizaron. Pero también les enseñaron cosas nuevas y maravillosas, como a usar cuchillos de acero que no se rompían fácilmente, como los de los indígenas. Las hachas de piedra que usaban éstos no tenían filo, y a veces necesitaban trabajar muchos días para derribar un árbol. Las hachas de acero de los españoles talaban un árbol en pocas horas.

Las mujeres Cheroquí estaban impresionadas con las vestimentas de telas suaves y brillantes colores que los soldados de DeSoto usaban bajo sus armaduras, y aprendieron a coser con agujas metálicas en vez de las suyas, de hueso.

Cien años después, exploradores franceses que iban del Canadá hacia el sur, encontraron a los Cheroquí. Eran comerciantes que querían comprar las pieles de animales que los Cheroquí cazaban tan hábilmente. Varias tribus luchaban entre sí por controlar los mejores terrenos de caza, y el comercio de pieles hizo derramar aún más sangre, pues todas deseaban las tierras donde había más animales. Los indígenas cambiaban pieles de ciervo, lobo, castor y zorro contra cuchillos de acero, hachas, agujas, tijeras, cacharros de cobre, cuentas de vidrio, espejos, mantas de lana y telas de colores.

Además de suministrarles esos excelentes artículos de la civilización europea, los franceses probablemente fueron los primeros que les dieron rifles, deseando facilitarles la caza y obtener el apoyo de los Cheroquí contra los comerciantes y colonos ingleses que dejaban sus aldeas y ciudades en la costa del Atlántico y estaban cruzando las montañas.

Los Creek y Nancy Ward

Los Cheroquí solían batallar contra algunas tribus vecinas, y sus enemigos más persistentes eran los Creek. Los conflictos entre ambas tribus duraron más de treinta años, hasta 1755, cuando tuvo lugar la más ardua y decisiva batalla en Tali´wa, Georgia. Los Cheroquí fueron sobrepasados en número por los Creek a razón de dos a uno. Estaban planeando su retirada, cuando una valiente mujer Cheroquí reanimó a los guerreros. Nancy Ward tenía diez y seis años, y estaba junto a su esposo, recargándole los rifles, cuando éste fue matado. Nancy tomó su arma y luchó con tal coraje que los hombres Cheroquí volvieron a atacar con

renovado vigor, y alcanzaron la victoria. Después de esa batalla, los Creek ya no se interesaron en las tierras de los Cheroquí, y ambas tribus vivieron en paz hasta la batalla de Horseshoe Bend, sesenta años después.

Nancy Ward es probablemente la mejor conocida entre las mujeres Cheroquí. En lo más encarnizado de la Revolución Americana, solía avisarles a los colonos blancos sobre inminentes ataques. También intercedía por su seguridad cuando eran hechos cautivos. Quizás el hecho más notable de esta mujer ocurrió cuando fue la interlocutora principal en la negociación de un tratado.

Guerras contra los colonos

Entre 1754 y 1763, ingleses y franceses luchaban en Norte América para determinar quién controlaría el continente. Muchos indígenas lucharon junto a los franceses, y por eso, ésas son llamadas Guerras Francesas e Indígenas. Pero los Cheroquí se aliaron a los ingleses durante casi todas esas guerras.

Uno de sus líderes, Ostenaco, fue un asistente altamente estimado por tres gobernadores ingleses. Con su banda de guerreros, también asistió al coronel George Washington y la milicia de Virginia en sus luchas contra los franceses.

De esos Cheroquí dijo Washington: "Sirven más y mejor que el doble de hombres blancos … de esta gente depende la seguridad de nuestra marcha …" En 1762, Ostenaco viajó a Londres, y fue recibido con honores por el rey George III.

Los ingleses vencieron a los franceses, y obtuvieron control sobre el territorio americano entre el océano Atlántico y el río Mississippí y, en el norte, hasta Canadá. Los Cheroquí estaban del lado de los vencedores y disfrutaron de la amistad de los ingleses - por lo menos, por algún tiempo.

La Revolución Americana

Pese a ocasionales problemas con los colonos, los Cheroquí se llevaron bien con sus vecinos blancos hasta la Revolución Americana, y vivieron en paz entre 1765 y 1775. Comerciantes blancos se casaban con mujeres de familias indígenas, y nombres como Ross, Lowrey, Taylor y Smith empezaron a aparecer en la tribu. Los niños nacidos de esas uniones se adaptaron poco a poco al estilo de vida del padre blanco, pero siempre recordaron que el hijo de una mujer Cheroquí era, antes que nada, un Cheroquí.

Las antiguas casas de adobe fueron reemplazadas por cabañas de troncos, parecidas a las construídas por los blancos que se atrevían a vivir en tierras salvajes. Las mujeres Cheroquí empezaron a copiar las ropas de las mujeres blancas, haciéndolas con suaves paños que cambiaban por pieles.

Con la guerra de la Revolución Americana, terminó la coexistencia pacífica entre indígenas y blancos. Los Cheroquí se aliaron a los ingleses, y sus guerreros fueron a la guerra contra los colonos de Virginia a Georgia. Mataban a los hombres y se llevaban prisioneros a las mujeres y los niños, ganando la reputación de ser feroces demonios. Pero lo mismo hubiera podido decirse de los blancos que se vengaban rápidamente de sus atacantes indígenas, quemando las aldeas y vendiendo las mujeres y niños como esclavos en West Indies.

A los Cheroquí les costó grandes sufrimientos su alianza con los ingleses. Cuando terminó la Revolución, en 1781, los indígenas se encontraron en el bando

perdedor y la lucha entre los Cheroquí y los nuevos americanos continuó. Los colonos que vivían en territorio Cheroquí querían obtener más tierras y vengarse de los indígenas. Y obtuvieron ambas cosas. Muchos Cheroquí fueron brutalmente expulsados de sus hogares, y algunos tuvieron que refugiarse en bosques y montañas.

Al cabo de muchos años de abusos, los indígenas decidieron que ya no podían luchar contra los invasores blancos. Para terminar el conflicto, aceptaron cederles muchas de sus tierras a la nueva nación americana. Treinta y nueve líderes Cheroquí firmaron el tratado de Tellico en 1789 y el tratado de Holston en 1791. Esos tratados le cedían a los Estados Unidos la mayoría del territorio Cheroquí en lo que hoy es

North Carolina, South Carolina y Tennessee. Los indígenas aún controlarían unas 43.000 millas cuadradas en Georgia y Alabama, y las tierras de las Great Smoky Mountains, en las Appalachians.

Esos tratados, firmados por George Washington, establecían que los Cheroquí podrían vivir en esas tierras remanentes "tanto tiempo como fluyeran los ríos y crecieran los pastos." Pero, por supuesto, la ambición de los hombres blancos forzó a los Estados Unidos a no cumplir los tratados.

Entre esos años y 1912, los Cheroquí firmaron 25 tratados más con los blancos. Ninguna otra tribu firmó tantos. Diez y ocho de ellos fueron para entregar tierras del que fuera el mayor territorio indígena al sur del país.

El crecimiento de una gran nación

Mientras sus tierras disminuían, los talentos y logros de los Cheroquí aumentaban, o parecían hacerlo. Hacia 1800, los indígenas vivían nuevamente en paz con los blancos que los rodeaban. Los hijos Cheroquí de padres colonos o comerciantes, se hicieron ricos terratenientes y adoptaron el estilo de vida del blanco. Algunos indígenas poseían grandes plantaciones, cultivaban algodón y comerciaban exitosamente con los del norte.

La mayoría de los Cheroquí eran buenos agricultores, y produjeron aún mejores cosechas con los arados de hierro que compraban a los blancos. Las mujeres Cheroquí hacían excelentes trabajos de telar, ahora gracias a los husos y telares europeos. La mayoría de los indígenas vestía como los blancos, pero algunos hombres preferían usar túnica y turbante, un compromiso entre las ropas de los blancos y las propias.

Con el paso del tiempo, los Cheroquí construyeron pequeñas aldeas con caminos, tiendas, escuelas e iglesias. Invitaron misioneros blancos para que les enseñen a leer y escribir en inglés a sus niños. La mayoría de los indígenas no tenía interés en convertirse al cristianismo, pero algunos lo hicieron. Y los líderes Cheroquí sabían que los misioneros ayudarían a su pueblo a adaptarse más rápido al mundo de los blancos.

Los Cheroquí querían integrarse al mundo blanco, pero conservando su propia identidad. Hacia 1796 empezaron a desarrollar un gobierno central propio, modelado sobre el usado por el gobierno de Estados Unidos. Los indígenas cambiaron su antiguo sistema de aldeas gobernadas por caciques por un sistema democrático de gobierno. Habría un solo cacique para todos los

Cheroquí, vivieran donde vivieran. Cada aldea o ciudad tendría un representante en el consejo que hacía las leyes que gobernaban a la tribu. Estos cambios hicieron a los Cheroquí más unidos y poderosos. Fueron el origen de la Nación Cheroquí, nombre que usaron desde entonces.

Otras tribus indígenas deseaban que el mundo de los americanos nativos se uniera contra los blancos. Tecumseh, el líder y famoso guerrero de los Shawnee, soñaba con aliar a todas las tribus del este. Pensaba que esa unión les ayudaría a defender sus tierras contra los blancos que estaban usurpándolas rápidamente.

Desde su hogar en el valle de Ohio, Tecumseh fue a pedirles ayuda a los poderosos Creek y la nueva nación Cheroquí. Logró un acuerdo con los Creek sobre la alianza indígena, pero los Cheroquí no aceptaron su plan. Sabían que en caso de guerra, los cuchillos, hachas de guerra y rifles de los indígenas eran insuficientes para vencer los cañones de los blancos y sus enormes abastecimientos de pólvora.

Tecumseh, el líder de la tribu Shawnee

Pronto los Creek y Shawnee estuvieron en guerra con el ejército de Estados Unidos, comandado por el general Andrew Jackson. Unos 800 Cheroquí apoyaron a Jackson y cabalgaron junto a sus soldados contra los otros indígenas. En 1813, en la batalla de Horseshoe Bend, a lo largo del río Tallipoosa en Alabama, las cosas parecían sin esperanza para las tropas de Jackson. Los Creek eran demasiado fuertes para ellos. Pero los Cheroquí salvaron la batalla cruzando el río a nado y atacando a los Creek por la retaguardia. Después de la batalla, los Cheroquí celebraron su victoria con la danza del águila. (El águila es un animal adorado por los Cheroquí.) Tecumseh fue

Los Cheroquí admiraban grandemente las águilas

muerto, y con él murió el sueño indígena de detener la marcha de los pioneros hacia el oeste. Ya no habrían más intentos de concentrar a los blancos en las costas del este.

Los Cheroquí habían probado su lealtad al gobierno de Estados Unidos y a Andrew Jackson en su lucha contra los Creek, pero el gobierno y Jackson pronto les demostraron que ellos no sentían lealtad alguna hacia los Cheroquí.

Cuando Andrew Jackson se convirtió en presidente de Estados Unidos, ignoró completamente a los leales indígenas. Pero durante los años previos a su gobierno, la Nación Cheroquí siguió creciendo.

Sequoyah desarrolló el primer lenguaje indígena escrito.

(Foto cortesía del Museo Indígena Cheroquí)

Sequoyah y el silabario

El mayor de los logros alcanzados por la Nación Cheroquí fue la invención de un idioma escrito. El responsable de esa hazaña fue un hombre llamado Sequoyah. Había nacido en la aldea de Tuskegee, en el río Tennessee, unos diez años antes antes de la guerra revolucionaria. Sequoyah era hijo de una mujer Cheroquí y un comerciante blanco. Su nombre inglés era George Guess.

Aunque no había ido a la escuela, Sequoyah era brillante, creativo y ambicioso. Se enseñó a sí mismo el arte de la platería, que ningún otro Cheroquí dominaba. También fue un hábil herrero, dibujante y pintor de caballos y otros animales.

Pero lo que más lo fascinaba era la facultad de los poderosos blancos de leer y escribir. Sequoyah creía que esa habilidad era la causa de su poderío, ya que los blancos podían almacenar sus conocimientos en libros y así transmitirlos de una generación a otra. Podían comunicarse a través de los océanos mediante "hojas parlantes" – el nombre que Sequoyah daba a las páginas de cartas y libros. Los indígenas, por su parte, sólo podían transmitir informaciones mediante comunicaciones directas de persona a persona.

Si los Cheroquí dispusieran de un lenguaje escrito, pensaba Sequoyah, podrían proteger mejor sus tierras. Así que, en 1809, él mismo empezó el largo proceso de crearlo. Al principio trató de diseñar un símbolo para cada palabra del idioma

Cheroquí. Pero el sistema resultó demasiado engorroso. Abandonó la idea, pero no su sueño.

Sequoyah pasó de las palabras enteras a los sonidos dentro de las palabras: las sílabas. Después de pasar años escuchando con cuidado los sonidos de su lengua materna, Sequoyah logró identificar 85 sonidos o sílabas, y les dio a cada uno un símbolo propio. Para algunos había usado de modelo el alfabeto inglés, y otros los había concebido su prolífica imaginación.

Sequoyah trabajó en su lenguaje escrito más de diez años, y logró crear no un alfabeto, sino un silabario. Ese fue el primer lenguaje escrito de los americanos nativos. Pero todavía tenía que completar la tarea y convencer a los suyos de aprenderlo y usarlo.

La primera persona en hacerlo así fue su hijo menor. Sequoyah quería demostrar a los caciques de la tribu que hasta un niño podía aprender el nuevo idioma. En 1821, se presentó por fin una oportunidad. Muchos líderes de las tribus se reunieron para verlo hacer misteriosas marcas en un papel mientras ellos hablaban. Sequoyah escribió las pocas palabras que dijera un cacique e hizo que un mensajero llevara el papel a su hijo, que estaba a cierta distancia de allí. El hijo de Sequoyah leyó fácilmente las palabras y los hombres reunidos se asombraron mucho.

Pero la mayoría pensó que Sequoyah había recurrido a algún tipo de truco o magia. Aunque los extraños símbolos no los convencían, hubo un líder que sintió suficiente curiosidad como para querer aprender el silabario. Eso era lo que buscaba Sequoyah, e hizo lo necesario para enseñárselo a un grupo de hombres. Muy pronto ellos empezaron a enviar mensajes escritos que les dictaban los

ancianos de la tribu. Por fin todos se habían convencido de que Sequoyah había realizado una formidable hazaña.

Para su pueblo y otros, Sequoyah era un héroe. Y lo era. Fue la única persona en la historia que creó un lenguaje escrito. E hizo que los Cheroquí tuviesen el honor de ser los primeros americanos nativos que tuvieron su propio idioma escrito.

Los años que Sequoyah dedicó a la creación del idioma escrito no habían sido calmos ni tranquilos. Durante ese tiempo, fue con los demás Cheroquí a luchar con las tropas de Andrew Jackson, y con el ejército de Estados Unidos en la guerra de 1812 y contra los Creek.

Después de esto, Sequoyah y los demás hombres de su aldea desistieron de sus esfuerzos contra las invasiones de los colonos que querían más tierras. La aldea entera emigró desde su hogar junto al río Tennessee a uno nuevo, junto al río Arkansas.

El alfabeto de Sequoyah con la indicación de cómo se pronunciaban las sílabas.

La edad de oro de la Nación Cheroquí

El consejo de la Nación Cheroquí adoptó rápidamente el silabario como su idioma escrito oficial, y Sequoyah inmediatamente empezó a enseñárselo a todo el mundo. Viajó a aldeas en Georgia, Alabama y Arkansas, y en menos de un año la mayor parte de la tribu podía leerlo y escribirlo. Tanto los jóvenes como los viejos lo encontraron muy fácil de aprender. Pronto "hojas parlantes" eran enviadas de la aldea que estaba más al este a la que quedaba más al oeste en territorio Cheroquí.

En 1828, los Cheroquí probaron al mundo nuevamente que no eran "tontos salvajes," al fundar un periódico, el *Cherokee Phoenix.* El nombre Phoenix fue elegido por su simbolismo. Es el nombre de un pájaro mítico que, habiendo sido quemado, renació de sus cenizas y vivió gloriosamente otra vez. Es el símbolo de la inmortalidad, de la vida eterna.

El periódico se imprimía en cheroqués y en inglés, y se distribuía en todo el país, tanto a los Cheroquí como a los blancos. ¡Era leído hasta en Inglaterra! Eso no debería sorprender, ya que los Cheroquí y los ingleses fueron aliados antes de la Guerra de la Revolución Americana.

Los líderes de la nación Cheroquí esperaban que sus progresos los harían más aceptables para los blancos. Pero desde los analfabetos de los puestos fronterizos hasta el presidente de Estados Unidos, nadie estaba dispuesto a respetar los derechos de los indígenas. Controlaban un territorio muy valioso, que los nuevos americanos deseaban obtener para sí.

La Nación Cheroquí estableció su capital en la aldea de New Echota, Georgia. En 1828, el gran John Ross fue electo Cacique Principal. Ross era un hombre brillante, y guió a los suyos durante los años más penosos y difíciles de su historia. Hijo de un inmigrante escocés y una mujer Cheroquí, sólo era un octavo Cheroquí, pero cuando se

La prensa del Cherokee Phoenix

casó, lo hizo con una mujer de la tribu y dedicó su vida a su pueblo.

Cuando el cacique Ross llegó al poder, gobernaba a más de 17.000 indígenas, quince mil en Georgia y Alabama, y el resto en el nuevo territorio de Arkansas. Ross hablaba el idioma Cheroquí con dificultad, y prefería el inglés. Cuando hablaba en el consejo, necesitaba un intérprete.

Durante 1820 y 1830, la nación Cheroquí alcanzó un alto nivel de civilización. Ese período se llamó la "edad de oro". Los Cheroquí eran un pueblo culto y democrático. Tenían una constitución, primero escrita en inglés en 1817 y reescrita en Cheroquí el 27 de julio de 1827. Tenían un sistema postal, su propia fuerza policial, y un cuerpo legislativo de dos cámaras. Tenían grandes posibilidades de lograr un desarrollo aún mayor, pero no pudieron hacerlo. Pronto fueron brutalmente desalojados de sus tierras, y jamás volvieron a su situación anterior.

(Foto cortesía del Museo Indígena Cheroquí)

El Cacique John Ross

Fiebre del oro en Georgia

En 1828 se descubrió oro en Dahlonega, Georgia, en el corazón del territorio Cheroquí. Mineros blancos invadieron el área, deseando hacer rápidas fortunas. Robaron el ganado de los indígenas, atacaron sus mujeres, y echaron familias de sus hogares.

Los jóvenes de la tribu querían vengarse de las bandas de blancos que aterrorizaban, pillaban y quemaban sus hogares. Pero los ancianos los convencieron que la violencia sólo engendraría más violencia. Los Cheroquí debían buscar justicia en las cortes. Pero en las cortes de Georgia no existía la justicia.

Por fin, el cacique John Ross le pidió ayuda al presidente Andrew Jackson. Ross

querría que tropas del gobierno detuvieran
la violencia. Se enviaron algunas tropas,
que fueron incapaces de controlar a los
mineros. O, quizás, no quisieron hacerlo.
Ross siguió tratando de obtener justicia
para los suyos, y contrató a un abogado
de Filadelfia para que elevase el caso de
los Cheroquí a la Suprema Corte de
Justicia de Estados Unidos.

El Presidente de la Corte, Juez John
Marshall, decretó en 1832 que el gobierno
federal debía proteger al pueblo Cheroquí
contra los blancos que violaban las leyes.
Pero el presidente Jackson no tenía
intenciones de hacer nada, y dijo: "John
Marshall ha comunicado su decisión,
ahora que la haga cumplir, si puede."

Mientras los Cheroquí buscaban ayuda
en Washington, el estado de Georgia
pasaba leyes ilegales contra la tribu, que

era parte de la Nación Independiente
Cheroquí.

Georgia declaró que la Nación Cheroquí
era sólo un condado suyo y, por ello,
estaba sometida a las leyes de Georgia.
Una de ellas decía que los indígenas no
podían buscar oro en sus propias tierras.
Otra, que un Cheroquí no podía
testimoniar contra un blanco ante la corte.

Georgia deseaba acabar con el poder y la
independencia de los Cheroquí. Se impuso
la ley marcial en su nación. El *Cherokee
Phoenix* fue clausurado. Y el cacique John
Ross aprisionado. Otros indígenas fueron
arrestados y aprisionados por cualquier
motivo. Los blancos que cometían
crímenes contra ellos no eran castigados.
En todos los sentidos posibles, los
Cheroquí fueron perseguidos por los
blancos que querían echarlos del estado.

El Acta de Desalojo de los Indígenas

Mientras la Nación Cheroquí luchaba por sobrevivir en Georgia y pedía justicia en Washington, en 1830 el gobierno de Estados Unidos promulgó el Acta de Desalojo de los Indígenas. El presidente Jackson persuadió al Congreso para que aprobara esa ley que afectaba a todos los indios del sureste. El Acta obligaba a desalojar, mediante fuerza si fuera necesario, a los indígenas que vivían al este del río Mississippí. Serían realojados al oeste del río, en un lugar llamado Territorio Indígena. Ese lugar más tarde se convirtió en el estado de Oklahoma.

Por décadas, el gobierno federal había querido sacar a los indígenas de sus tierras. Algunos de ellos se habían ido solos durante ese tiempo, no queriendo pelear batallas perdidas. Pero la Nación Cheroquí y otras tribus del sureste eran gente testaruda. No querían irse de las tierras que por derecho eran suyas. El Acta afectaba a cinco tribus: los Cheroquí, Creek, Chickasaw, Choctaw, y Semínola. Eran las llamadas "cinco tribus civilizadas."

El poder legislativo de Georgia no perdió un momento en hacer ejecutar esa ley. En 1832, el estado decretó la Lotería de Tierras Cheroquí, que le permitía vender todas las tierras de los indígenas al norte de Georgia, aún antes que ellos las dejaran. Los ganadores de la lotería recibían 160 acres de tierras de cultivo, o 40 acres de tierras de minería. Los hombres blancos de la frontera tenían una canción favorita que decía:

"Lo que más deseo de corazón
es una linda esposa y una plantación
en medio de las tierras Cheroquí, en su Nación."

Mientras los ganadores de la lotería forzaban la entrada a sus nuevas propiedades, el cacique John Ross y otros luchaban contra el Acta de Desalojo de los Indígenas en Washington. Pidieron ayuda al presidente Jackson, mas éste se la negó. Pero muchos blancos prominentes estaban a favor de la causa Cheroquí y defendieron sus derechos. Noah Webster, John Adams, Sam Houston y Davy Crockett fueron los más famosos. El presidente Jackson no atendió sus sabias palabras y, en cambio, cedió a los pedidos de sus amigos que, en muchos casos, eran primitivos hombres de frontera, que sólo querían quedarse con las tierras Cheroquí. Es desalentador que hombres tan ignorantes hayan sido considerados mejores personas que los inteligentes Cheroquí.

Los líderes de la tribu no estaban de acuerdo sobre cómo lidiar con el Acta de Desalojo. Los esfuerzos legales de John Ross habían fracasado durante cinco años seguidos, y un pequeño grupo tomó una iniciativa fatal. Trescientos Cheroquí, al mando de Major Ridge y su hijo John, firmaron en 1835 el tratado de New Echota con el gobierno de Estados Unidos.

Ese tratado cedía a Estados Unidos las tierras al este del Mississippí, a cambio de derechos sobre el Territorio Indígena de Oklahoma y 800.000 acres en lo que hoy es el sureste de Kansas. Los Cheroquí debían establecerse allí en dos años. Los Estados Unidos acordaron pagar el costo de la migración y los gastos del primer año de estadía.

Según la ley Cheroquí, Major Ridge y los suyos actuaron ilegalmente. Muchos desaprobaron lo que hizo, y lo consideraron un traidor. Años antes él mismo había ejecutado otros Cheroquí que vendieron tierras a los blancos.

Ahora él había hecho lo mismo. Muchos sospecharon que había sido sobornado por agentes del gobierno. Poco después, ambos Ridge fueron asesinados por otros Cheroquí por su participación en el tratado de New Echota.

El Congreso de Estados Unidos ratificó el tratado por un solo voto. Hubieron fuertes discusiones entre los senadores y representantes. Todos sabían que los Cheroquí no habían aprobado ese tratado. Y 16.000 de ellos habían elevado al gobierno una petición para que lo anulara.

El Cacique Ross fue derrotado en su intento por lograr la anulación, y en 1838 tuvo que llevar a su gente fuera de las tierras de las verdes Appalachian hacia el oeste, a las secas, áridas y desconocidas tierras del Territorio Indígena.

Comienza el desalojo

Con la primavera de 1838, llegó el momento de desalojar a los Cheroquí y enviarlos al oeste. Pero muchos de ellos no estaban preparándose para el viaje. Ignoraron las órdenes del tratado de New Echota y siguieron trabajando sus campos. No creían que el gobierno le daría curso a los planes de desalojo. Pero se equivocaban.

Soldados de Estados Unidos invadían a diario el territorio, 7.000 de ellos al mando del general Winfield Scott. Tenían orden de llevar a cabo la mudanza. Había un soldado por cada dos indígenas.

El general Scott esperaba no tener que usar la fuerza. Distribuyó volantes por toda la Nación Cheroquí, pidiéndoles a los indígenas que cooperaran y se fueran por su propia voluntad. Algunas familias así lo hicieron, pero Scott tuvo que ordenar a sus tropas que buscaran y reunieran a los demás. Les dijo que usaran la menor fuerza posible para lograrlo, inútilmente. Muchos soldados eran brutales y golpearon y pincharon con sus bayonetas a cuantos encontraban. Llevaron a los indígenas en grupos, como si fueran ganado, incluso separando a los niños de sus padres.

El desalojo de los Cheroquí fue una operación masiva. Los soldados establecieron prisiones militares en el territorio Cheroquí. Cada día, partidas del ejército salían a explorar una región y capturar los indígenas que encontraban.

Los Cheroquí fueron sacados de sus campos sin que pudieran siquiera recoger sus cosas. Los soldados entraban en las casas y arrastraban fuera familias espantadas. Las mujeres eran forzadas a abandonar sus husos y telares sin mirar atrás. Los niños eran detenidos en medio de sus juegos y arrastrados a la prisión.

La mayoría de los Cheroquí dejaron sus casas con lo que llevaban puesto. Apenas habían salido, los nuevos propietarios blancos se mudaban a la cabaña en la tierra que obtuvieran en la Lotería.

Otros blancos seguían a los soldados y pillaban lo que encontraban en las casas abandonadas. Había frecuentes peleas y batallas con rifles. Como buitres, los blancos llenaban bolsas con lo que encontraban: relojes, platería, instrumentos musicales, joyas.

Los indígenas eran mantenidos en las prisiones hasta el momento de enviarlos al oeste. Hacia junio había ya unos 3.000 de ellos, que fueron forzados a entrar en barcos que los llevarían a sus nuevos hogares en el Territorio Indígena, al oeste del río Mississippí. El viaje en barco fue del río Tennessee al río Ohio, luego por el Mississippí, cruzando el río Arkansas y por fin terminó en la tierra que un día se llamaría Oklahoma.

Fue un viaje muy difícil. El calor del verano enfermaba a la gente. La poca comida que se les daba a menudo estaba podrida. Los barcos estaban colmados y eran inadecuados. Pero milagrosamente, la mayoría de los indígenas sobrevivieron las penurias y llegaron a su nueva patria.

El Camino de Lágrimas

Cuando el cacique John Ross escuchó el relato del torturante viaje, le pidió al general Scott que demorara la partida de los 12.000 Cheroquí que quedaban. Acordaron esperar hasta el otoño, cuando haría tiempo fresco. Y podrían viajar por tierra, en vez de hacerlo por agua.

También acordaron que Ross contrataría contratistas privados para el transporte de su gente. El tratado de New Echota obligaba a Estados Unidos a pagar $65. – por indígena, como gastos de emigración, unos 8 centavos por milla. Con ese dinero, Ross contrató 645 carretas y equipos, y toneladas de comida. Tomó guías e intérpretes. Pagó cinco dólares por día a médicos que ofrecerían sus servicios durante el viaje.

Hacia octubre de 1838, el primer grupo de 1.000 Cheroquí empezó su largo viaje. Once grupos más, de 1.000 personas cada uno, lo siguió. Los viejos y enfermos viajaban en carretas, algunos cabalgaban, pero la mayoría caminó esa distancia, más de 800 millas.

El camino iba desde el noroeste de Georgia, atravesaba Tennessee y Kentucky, cruzaba la punta de Illinois, seguía por Missouri y Arkansas. Viajar por tierra resultó aún más azaroso que el viaje por río. Los indígenas enfrentaron un invierno muy frío. Sufrieron lluvias heladas y nevadas, sin estar bien protegidos contra el tiempo inclemente. Como mucho, cada uno tenía una o dos mantas. El dolor y la agonía de su gente hizo sufrir mucho a Ross, y aún más cuando su mujer murió. Muchas vidas hubieran podido salvarse si los indígenas hubieran contado con suministros apropiados al viaje. Pero muchos contratistas eran deshonestos y habían entregado menos de lo que prometieran en sus acuerdos, guardándose las ganancias malhabidas.

Fueron tiempos de miseria. La gente lloraba y gemía por el camino. Las carretas se enterraban en el barro hasta los ejes, y los exhaustos Cheroquí debían empujarlas y sacarlas de allí. Muchos enfermaron de pulmonía y otras enfermedades peligrosas. Al detenerse cada noche, los viajeros tenían que enterrar a los muertos del día, a veces, hasta catorce de ellos.

Por lo menos 3.000 Cheroquí murieron en esta jornada, que los indígenas llamaron *Nuna-da-ut-sun´y*, que en idioma Cheroquí significa: "el lugar donde lloraron." Historiadores posteriores llamaron el viaje "El Camino de Lágrimas." En 1988, ciento cincuenta años después del acontecimiento, el presidente Ronald Reagan proclamó el Camino de Lágrimas un Camino Histórico Nacional. Los recuerdos de esa gente torturada y heroica fueron así, finalmente, honrados por el gobierno de los Estados Unidos de América.

Tsali sacrificó su vida por el bien de su pueblo

La historia de Tsali

El desalojo de los Cheroquí del este no supuso la exterminación de todos los que vivían allí. Aún hoy quedan descendientes de ellos en North Carolina, gracias al valor y espíritu de sacrificio de un hombre llamado Tsali. Su dramática historia merece ser contada.

Cuando los soldados de Estados Unidos estaban encarcelando a los indígenas, cientos de ellos escaparon y se escondieron en las cavernas de las montañas Great Smoky. Tsali era uno de ellos. En su intento por no ser capturado, mató a dos soldados. El general Scott quería encontrar y castigar a Tsali, pero no era tarea fácil. Scott ofreció la libertad de todos los indígenas que estaban escondidos, contra la de Tsali, si éste se entregaba.

Tsali sabía que sería ejecutado si abandonaba su escondite. Y también sabía que su sacrificio permitiría al grupo volver a sus hogares en las tierras ancestrales. Aceptó entregarse, y cuenta la leyenda que, enfrentando el escuadrón de fusilamiento, sus palabras finales fueron: "Qué grato es morir en el país de uno."

Estas muestras de cerámica Cheroquí tienen el distintivo efecto de "repujado"

La Banda del Este

Hoy viven más de 5.000 Cheroquí en las tierras preservadas por el sacrificio de Tsali. Conocidos como la Banda del Este de los Cheroquí, tienen una reservación de más de 56.000 acres, llamada Confín Qualla. El centro está en Cheroquí, North Carolina, pero abarca cinco condados del estado.

Los turistas pueden visitar el Museo Indígena Cheroquí y asistir a exposiciones y la proyección de películas que documentan la historia de la tribu. En verano se realiza una representación al aire libre, llamada "En estas colinas," en la que se dramatiza la historia, hasta el Camino de Lágrimas.

La vida y costumbres de los Cheroquí han sido recreadas en la aldea Oconaluftee, que es un museo viviente. Los turistas pueden caminar entre los indígenas y hablar con ellos, mientras los Cheroquí les demuestran sus artes de cestería, cerámica, telares y otras artesanías.

La antigua cerámica Cheroquí tenía un estilo especial. A la superficie de los objetos se les hacía un diseño repujado. El diseño más sencillo debió hacerse rodando o apretando una mazorca de maíz mientras la arcilla estaba todavía húmeda. Diseños más complicados se hacían poniendo círculos dentro de círculos o entrecruzando líneas. Los arqueólogos han encontrado en el sureste restos de cerámicas de casi 4.000 años de antiguedad.

Cada tribu indígena puede ser identificada por el estilo de sus primeras canastas. Los Cheroquí usaban un método simple, llamado *entrelazado*, que consiste en cruzar una tira arriba y otra abajo, alternadamente. A menudo los tejedores hacían dibujos geométricos, tales como diamantes, en sus canastas. El borde de la canasta también permite identificar fácilmente la artesanía Cheroquí, pues está arqueado sobre un marco, mientras que en las canastas de sus vecinos, los Creek, es trenzado.

Típicas canastas Cheroquí de armazón de varillas de roble blanco.

(Foto cortesía del Museo Indígena Cheroquí)

27

La Banda del Oeste

Apenas acabada su forzada inmigración al Territorio Indígena, los Cheroquí empezaron a reconstruir su cultura. La vida era muy difícil en la nueva patria. Ya no tenían sus hermosas colinas verdes y tierras fértiles. También había desaparecido la costumbre de los Cheroquí, copiada de los blancos, de poseer tierra individualmente. Otra vez, como hicieran sus antepasados, la tierra era propiedad comunitaria.

Los Cheroquí sabían la importancia de la educación, y hacia 1843 habían reinstalado 18 escuelas. En 1851 abrieron dos colegios, llamados *seminarios,* uno para hombres y otro para mujeres. Los mejores estudiantes de esas escuelas eran enviados a Princeton y otras universidades del este.

Se estableció la Policía Lighthorse, como parte del sistema Cheroquí de hacer respetar las leyes. Era un grupo de policía montada, encargado de mantener a la Nación Cheroquí libre de las infracciones legales, tan comunes en los asentamientos blancos del "Salvaje Oeste."

Una de las tareas principales de la Policía Lighthorse, era enfrentar a los blancos que les vendían licores ilegalmente a los indígenas. Como eran "extranjeros" en el Territorio Indígena, no podían ser arrestados cuando contravenían las leyes de las tribus. Todo lo que podía hacer la brigada Lighthorse era escoltar a los intrusos a la frontera y decirles que no volvieran.

Cuando, en 1861, empezó la Guerra Civil entre los estados del sur y los del norte la Nación Cheroquí trató de mantenerse neutral. Pero les fue imposible, y los indígenas fueron reclutados tanto por los ejércitos del norte como por los del sur, que comandaba el general Robert E. Lee. Un Cheroquí, Stand Watie, llegó a ser brigadier general en el Ejército Confederado.

Esta guerra dividió seriamente a la Nación Cheroquí. Cuando acabó, tanto los Cheroquí como las demás tribus del

Escula de párvulos Cheroquí

Niña Cheroquí con su muñeca

Territorio Indígena fueron tratados como enemigos conquistados por los Estados Unidos. El gobierno obligó a construir vías férreas en el Territorio Indígena, lo que con el tiempo atrajo más colonos blancos a la región. Fueron ellos quienes pidieron al gobierno convertirla en el estado de Oklahoma.

Al encontrarse petróleo en el Territorio Indígena, en 1904, la independencia de los indígenas quedó condenada. Como el descubrimiento de oro en Georgia en 1828, entrañaba poder y fortuna para los blancos, que éstos no estaban dispuestos a dejar en manos indígenas. Tres años después, el Territorio Indígena fue convertido en el estado de Oklahoma.

Aunque los Cheroquí no querían ver su nación convertida en parte de un estado, fueron muy importantes en su desarrollo. Muchos Cheroquí fueron miembros de la Convención Constitucional. El primer senador por Oklahoma fue un abogado Cheroquí, Robert Latham Owen, quien prestó servicios en Washington desde 1907 hasta 1925.

Recién en 1924 se les concedió la ciudadanía de Estados Unidos a los indígenas de todas las tribus. Hasta entonces, y después de ese tiempo, los americanos nativos se habían convertido en americanos en vías de extinción. Muchos, en todas las tribus, sufrían extrema pobreza y no sabían cómo ser autosuficientes en el mundo industrial de los blancos. El gobierno de Estados Unidos por fin aceptó ayudarlos y promulgó el Acta de Reorganización Indígena en 1934. Ese decreto proveía fondos federales para que las tribus pudieran dedicarse a nuevas actividades que les permitieran ganarse la vida en el mundo moderno.

Hoy hay más de 70.000 Cheroquí en el país, la mayoría en Oklahoma. La tribu Cheroquí es la más grande del estado, y la segunda mayor del país. En Tahlequah, Oklahoma, los turistas pueden visitar el Museo Tsaligi- que significa "Cheroquí" – y ver exposiciones, películas y una aldea viva donde se relata la historia de este orgulloso, talentoso y una vez poderoso pueblo. Al mirar el sello oficial de Oklahoma, se ve enseguida la importante posición que ocupa la tribu en el estado: en él se ve la estrella de siete puntas, que es el símbolo de la Nación Cheroquí.

El sello de la Nación Cheroquí

Fechas importantes en la historia Cheroquí

1540	En busca de oro, el explorador español Hernando DeSoto viaja al territorio Cheroquí.
1640	Exploradores franceses empiezan a comerciar con los Cheroquí.
1754-1781	Los guerreros Cheroquí se alían a los soldados ingleses en la Guerra Francesa e Indígena y la Guerra Revolucionaria.
1789-1791	Tratados de Tellico y Holston - los Cheroquí pierden la mayor parte de sus tierras en North Carolina, South Carolina y Tennessee.
1812-1814	Los guerreros Cheroquí se alían al general Andrew Jackson en la Guerra de 1812 y la Guerra Creek.
1821	Sequoyah crea el Silabario del idioma Cheroquí - el primer idioma indígena escrito.
1827	Se escribe en Cheroquí la Constitución de la Nación Cheroquí.
1828	Se funda un periódico, el *Cherokee Phoenix.*
1828	John Ross es elegido Cacique Principal de la Nación Cheroquí.
1828	Se encuentra oro en tierras Cheroquí de Georgia.
1828	Andrew Jackson es electo presidente de Estados Unidos.
1830	El Congreso de los Estados Unidos promulga el Acta de Desalojo de los Indígenas, que los obliga a mudarse al oeste del río Mississippí.
1832	La legislatura de Georgia establece la Lotería de Tierras Cheroquí.
1835	El Tratado de New Echota es firmado entre un grupo de Cheroquí, no autorizado para hacerlo, y el gobierno de Estados Unidos.
1838-1839	15.000 Cheroquí son forzados a mudarse al Territorio Indígena. Su larga jornada se conoce como "El Camino de Lágrimas."
1904	Se descubre petróleo en el Territorio Indígena (Oklahoma).
1907	Se establece el estado de Oklahoma.
1924	El gobierno de Estados Unidos reconoce como ciudadanos a todos los indígenas del país.
1934	El Congreso de Estados Unidos promulga el Acta de Reorganización Indígena, que provee fondos federales para el desarrollo económico de las tribus.
1988	El presidente Ronald Reagan decreta Camino Histórico Nacional al "Camino de Lágrimas."

ÍNDICE ALFABÉTICO

Acta de Desalojo de los Indígenas 22-23, 30
agricultura 5-6, 14
Aldea Oconaluftee 27
arqueólogos 5, 6, 27

Banda del Este 27
Banda del Oeste 28
batallas
    Horseshoe Bend 8, 13
    Tali´wa 8

cacique de paz 6
canastas 27
casas 5, 10
casas del consejo 5
cazar 3, 6
ceremonias 6
Cinco Tribus Civilizadas 3, 22
ciudadanía 3, 29, 30
Confín Qualla 27
Constitución 19, 30
Creek 8, 13, 22
Cherokee Phoenix 18, 21, 30

Danza del Águila 13
DeSoto, Hernando 7, 30

edad de oro 19
emigración 3, 17
españoles 7

fiebre del oro 20, 30

guerras
    Civil 28
    contra los blancos 11-12, 13, 30
    contra otras tribus 6-7
    Francesa e Indígena 9, 30
Guess, George 16

herramientas 7

"hojas parlantes" 16, 18

idioma escrito 16-18, 30
ingleses 9, 11

Jackson, Andrew 13, 17, 20-23, 30

Lotería de Tierras 22, 30

montículos 5
Museos
    Indígena Cheroquí 27
    Tsaligi 30

Nación Cheroquí 13, 19, 21, 28-29

objetos 5
Oklahoma 3, 23, 24, 28-29, 30
Ostenaco 9

petróleo 29, 30
Policía Lighthorse 28
pueblos 5, 6, 12
puntas de flecha 5

revolución 10-11
rey George III 9, 10
Ridge, Major 23
rifles 7
Ross, John 19, 20-23, 28-29, 30

seminarios 28
Sequoyah 16-17, 30
Suprema Corte de Justicia 21

Talequah 29
Tecumseh 13
Territorio Indígena 22-23, 28-29, 30
Tratados
    Holston 11, 30
    New Echota 23, 25, 30
    Tellico 11, 30
Tsali 26

vestimenta 6, 10, 12
vida familiar 6

Ward, Nancy 8
Washington, George 9, 11